Robin des Bois

raconté par MARLÈNE JOBERT

EDITIONS
ATLAS

Éditions Glénat
Services éditoriaux et commerciaux :
39, rue du Gouverneur-Général-Éboué
92130 ISSY-LES-MOULINEAUX

© Éditions Atlas, MMIV
© Éditions Glénat, pour l'adaptation, MMVII
Tous droits réservés pour tous pays

Avec la participation de Marlène Jobert
Illustrations : atelier Philippe Harchy
Photo de couverture : Eric Robert/Corbis

Achevé d'imprimer en Italie en juillet 2010 par L.E.G.O. S.p.A.
Viale dell'industria, 2
36100 Vicenza
Le papier utilisé pour la réalisation de ce livre provient de forêts gérées de manière durable
Dépôt légal : septembre 2007

Loi n°49-956 du 16 juillet 1949 sur les publications destinées à la jeunesse.

Cette histoire se passait il y a bien longtemps en Angleterre, dans l'immense forêt de Sherwood. Ses arbres gigantesques et ses buissons touffus la rendaient si sombre qu'il était facile de s'y perdre ou de s'y cacher.

Or, en ce temps-là, l'Angleterre se trouvait bien malheureuse : le bon roi Richard était retenu prisonnier dans un pays lointain, et son frère Jean en avait profité pour prendre sa place sur le trône.

Ce traître envoyait aux quatre coins du royaume des soldats qui saccageaient tout, pillaient, brûlaient les maisons des pauvres gens et semaient la terreur.

Il avait un favori : un seigneur cruel et violent nommé Guy de Guisbourne, qui, un matin, entra dans la forêt de Sherwood accompagné d'une troupe de cavaliers. Soudain, une flèche noire vint se planter juste devant son cheval.

- *Qui ose me défier ainsi ?* lança le puissant et redouté favori.

Les soldats cherchaient du regard tout autour d'eux, quand un rire éclata juste au-dessus de leurs têtes : ils découvrirent alors un jeune homme, debout sur la branche d'un grand chêne.

Ses habits verts se confondaient presque avec le feuillage ; ses yeux pétillaient de malice, son visage était aimable, mais il tenait un arc, la flèche fermement pointée sur Guy de Guisbourne : c'était Robin, le fameux Robin des Bois !

Tout le monde savait que Robin, comte de Locksley, avait choisi de vivre en rebelle au cœur de la forêt de Sherwood en attendant le retour du brave roi Richard.

- *Insolent freluquet !* jeta Guy de Guisbourne. *Vous ne manquez pas d'audace ! Vous comptiez ainsi m'empêcher d'avancer ! Ah ! Ah ! Ah ! Allons, soldats, attrapez-le !*

À ce moment, la forêt sembla frissonner tout entière et une pluie de flèches tomba devant le premier rang des chevaux. On aurait dit que chaque arbre cachait un tireur. Guisbourne sentit le danger ; alors, forcé de faire demi-tour, il jeta un regard noir à Robin. Tandis que tous s'éloignaient, Robin cria alors :

- *Souviens-toi, Guisbourne, Sherwood est mon domaine !*

Puis, avec ses compagnons, il fêta joyeusement l'humiliation de leur ennemi.

Le soir même, lors d'un dîner offert par le traître Jean, Guisbourne raconta sa mésaventure. Tous les invités s'accordèrent pour déclarer que cet affront devait être puni, qu'il fallait capturer Robin des Bois et le pendre. Seule, à l'autre bout de la table, une toute jeune fille restait silencieuse : c'était Marion, la fille du roi Richard, que Jean n'avait pas encore osé chasser. Elle avait seize ans, elle était douce et belle ; ses grands yeux rêveurs semblaient dire :

- *Si seulement ce Robin des Bois pouvait accomplir le miracle de nous débarrasser de tous ces traîtres ! Oh, comme j'aimerais le connaître...*

Curieusement, à ce moment, la lourde porte de la salle s'ouvrit dans un grand bruit, et Robin lui-même apparut !

- *Vos gardes ont le sommeil lourd ce soir ! Il est vrai que je les ai un peu aidés à s'endormir,* dit-il d'abord avec son air moqueur.

Puis, sérieux cette fois, il ajouta :

- *Je viens vous annoncer que moi, Robin des Bois, je défendrai toujours les pauvres gens contre vos pillages et vos impôts injustes, et que je ne permettrai jamais que toi, Jean le traître, non content d'avoir volé la couronne de ton frère Richard, tu ruines ensuite son royaume !*

Robin saisit alors un gobelet de vin et s'approcha de Marion :

- *Je bois à votre beauté et au roi Richard !* fit-il en la regardant intensément dans les yeux.

Tous furent stupéfaits, à commencer par Jean, mais il se reprit :

- *Gardes ! Eh bien ! Qu'attendez-vous ? Saisissez-le !*

Mais Robin bondit, s'agrippa au grand lustre, s'élança jusqu'à la fenêtre et plongea dans les douves remplies d'eau.

Il était déjà dans la forêt de Sherwood alors que les gardes à sa poursuite sortaient seulement du château. Marion, très émue, était restée à sa place, incapable de faire un geste. Elle voyait pour la première fois ce Robin si courageux, elle l'admirait et savait déjà qu'elle l'aimerait toujours.

Les semaines passèrent et, chaque jour, ceux qui rejoignaient Robin et ses compagnons devenaient plus nombreux. Bientôt, les soldats de Jean ne purent plus traverser la forêt de Sherwood sans être harcelés et attaqués.

Un soir, Jean fit appeler Guisbourne ; il écumait de rage :

- *C'est inadmissible ! Cette situation ne peut plus durer. Que diable, n'avez-vous pas une idée pour le capturer ? Qu'attendez-vous pour l'attirer dans un piège ?*

Guisbourne proposa alors, avec un sourire mauvais :

- *Organisons un concours de tir à l'arc, Robin ne pourra résister au plaisir de montrer au grand jour son adresse légendaire.*

Dès le lendemain, on annonça un grand tournoi, et Robin décida en effet de s'y rendre, malgré les avertissements de ses amis.

Le jour venu, tous les meilleurs archers du royaume étaient là, sûrs de remporter la flèche d'or récompensant le vainqueur.
Dans la foule des spectateurs, Robin, son chapeau rabattu sur le front pour ne pas être reconnu, admirait de loin Marion. Il était venu uniquement dans l'espoir de l'apercevoir, mais, lorsqu'il la vit si ravissante, il éprouva soudain une envie folle de participer au concours et de le gagner rien que pour elle.
Le tournoi commença. Bientôt, il ne resta plus que cinquante archers en lice, puis vingt, puis cinq, puis deux.

Un certain Hubert, réputé imbattable, tira le premier. Sa flèche alla se planter exactement au milieu de la cible, pourtant très éloignée ; le public poussa un cri d'admiration. Puis Robin s'avança, tendit son arc et visa.

Tout le monde retint son souffle… La flèche partit droit au but, fendit celle d'Hubert en deux sur toute sa longueur et s'enfonça juste au centre !

La foule délirante porta le vainqueur en triomphe jusqu'à la tribune d'honneur, Marion, pâle d'émotion, venait de le reconnaître, lorsque soudain, en un éclair, les gardes s'emparèrent de Robin et l'emmenèrent !

En voyant le sourire satisfait de l'infâme Guisbourne, la jeune fille comprit tout.

Le soir, le traître Jean, savourant sa victoire, félicita son favori :

- *Vous serez récompensé mon ami. Robin des Bois sera pendu dès demain et... à nous le royaume d'Angleterre !*

Un petit page caché derrière une tenture avait tout entendu. Il s'éloigna aussitôt sur la pointe des pieds, emprunta des passages secrets, sortit du château sans être repéré et courut dans la nuit jusqu'au cœur de la forêt.

Le lendemain, lorsque Robin fut amené sur la place où il devait être pendu, une pluie de flèches noires accueillit les soldats de Guisbourne, et Robin réussit à s'échapper avec toute sa bande !

En chemin, l'un de ses compagnons lui dit :

- *Si un petit page n'était pas venu nous prévenir cette nuit, nous serions arrivés trop tard...*

- *Quel petit page ?* s'étonna Robin.

- *Le voici justement !* fit son compagnon en montrant un jeune homme qui venait à leur rencontre.

L'inconnu alors se découvrit, c'était la belle Marion.

En la prenant dans ses bras, Robin, bouleversé, murmura :

- *Je vous dois la vie, restez ici avec nous, Sherwood sera notre refuge, restez je vous en prie, Marion... restez...*

- *Inutile de m'en prier, Robin,* répondit-elle en rougissant, j'allais vous le demander.

Au comble du bonheur, il la serra encore plus fort contre lui.

L'automne passa, Marion vivait heureuse à Sherwood ; Robin ne s'absentait que pour secourir les pauvres paysans maltraités par les soldats de Jean.

Un jour, une petite troupe menée par un chevalier de fière allure et tout de noir vêtu entra dans la forêt. Robin, comme à son habitude, tira une flèche pour les arrêter.

- *Qui es-tu donc, effronté, pour te mettre en travers de mon chemin ?* lança le mystérieux chevalier.

- *Robin des Bois, Messire !*

- *Ah ! j'ai entendu parler de toi et de ton courage, brigand !* fit le chevalier noir en souriant.

- *Pour Jean le traître, en effet, je suis brigand, car je ne servirai que le roi Richard, dont j'attends le retour !*

- *Alors, tu n'as plus à attendre. Je suis là, j'ai réussi à m'évader,* dit le chevalier noir en se découvrant. *Puis-je compter sur toi et tes amis pour m'aider à reprendre cette couronne qu'on m'a volée ?*
Leur roi n'avait pas fini de parler que Robin et ses compagnons étaient déjà à genoux devant lui.

Quelques jours plus tard, à l'aube, Guisbourne réveilla Jean en catastrophe :
- *Sire, votre frère ! Il est ici, il va attaquer le château !*
Lorsque Jean aperçut Richard, l'épée dressée, à la tête d'une véritable armée, un frisson glacé lui parcourut le dos.

Puis la bataille commença ; peu à peu, les soldats de Jean durent reculer ; Richard, Robin et ses amis forcèrent les portes une à une et parvinrent jusqu'au donjon. Guisbourne se battit longuement avec Robin et finit par tomber au fond des douves en soulevant une grande gerbe d'eau.

Quant à Jean le traître, pris de panique, il ne trouva pas d'autre issue que de s'enfuir lâchement. Enfin, ce fut la victoire.

Richard retrouva sa couronne, et le royaume redevint bientôt calme et prospère.

Le roi fit appeler Robin pour lui proposer de venir avec lui à Londres, dans son palais. Mais le vaillant jeune homme répondit :

- *Sire, je vous remercie, mais je ne suis pas fait pour vivre à la cour. Ma demeure, c'est la forêt. Sherwood est le plus beau et le plus vaste des châteaux ; à propos...*

- *À propos ?* dit Richard en souriant.

- *Eh bien, ce château attend sa châtelaine... Sire, je vous demande la main de votre fille, Marion.*

- *Je te l'accorde, Robin, comte de Locksley, et j'en suis très heureux !*

C'est ainsi que Robin, accompagné de la belle Marion, retrouva sa chère forêt de Sherwood. Entourés de leurs fidèles amis, ils vécurent là aussi heureux que dans le plus somptueux des palais.

Fin